NAVIGATION AÉRIENNE. — SYSTÈME-PETIN.

NOTIONS ÉLÉMENTAIRES

SUR

L'AÉRONAUTIQUE

ET SUR

LES SCIENCES ACCESSOIRES A CET ART

Par Perreymond

Rédacteur de la Revue générale de l'Architecture et des travaux publics.

Dieu appela le vent du sud et lui dit : Je veux tirer de toi un
nouvel être ; condense-toi ; dépose ta fluidité et revêts une
forme visible. — *Le cheval fut produit.* — MAHOMET.

Les vents sont les *infatigables coursiers* qui portent rapidement nos vaisseaux d'un pôle à l'autre. — MALTE-BRUN.

PARIS

A LA LIBRAIRIE NOUVELLE,

15, BOULEVARD DES ITALIENS.

Maison de l'*Événement* et du *Bien-être universel.*

—

AOUT 1851.

PREMIER NAVIRE AÉRIEN PETIN.

Explication de la planche.

La planche ci-contre représente :

Fig. 1re. Le navire aérien filant horizontalement, suivant une pente plus ou moins inclinée. La flèche indique la direction.

Fig. 2e. La carcasse du navire aérien montant perpendiculairement.

Fig. 3e. La partie supérieure, le pont du navire où se trouvent fixés les châssis *mobiles* ou les ailes.

DÉTAILS :

Les chiffres **1, 1, 1, 1**, etc., indiquent les châssis *mobiles* ou les ailes dans les trois figures.

Fig. 1re. **A, A, A.** Ensemble de la coque du navire.

— **M.** Galerie pour les voyageurs.

— **2, 2.** Roues à hélice.

— **3, 3.** Ponts de manœuvres des châssis ou des ailes.

— **4, 4.** Ponts de manœuvres des hélices.

— **5, 5.** Mouvements des machines à vapeur.

— **6, 6.** Chaudières des machines à vapeur.

— **7, 7.** Mâts de beaupré.

— **N, N.** Voiles latines ou triangulaires.

EXPLICATIONS :

Les châssis mobiles ou ailes (**1,1,1**, etc.), en toile gommée, servent pour s'appuyer sur la résistance de l'air : il y en a 16.

Les huit châssis de la partie centrale du navire (fig. 2) forment le plan de résistance, ou le centre d'appui du navire; disposés en toit culminant (fig. 3) ou en toit renversé, ils servent dans le premier cas d'appui supérieur (*parachute*), dans le second d'appui inférieur (*paramonte*).

Les huit châssis latéraux (quatre de chaque côté) sont indiqués dans trois positions différentes : droits *ouverts*, ou debout dans la 2e fig. ; — *inclinés* dans la 1re fig. à l'avant du navire; — *fermés* dans la même figure à l'arrière du navire.

Les châssis mobiles de la partie centrale (fig. 1re) sont supposés fermés et cachés par la galerie des voyageurs (**M**).

Les hélices (**2**) sont mises en mouvement par les machines (**5**) placées en communication avec les chaudières (**6**) par un tuyau conducteur de vapeur.

(Voir l'explication du *Système Petin*, p. 26 de la brochure.)

DIMENSIONS :

Coque du navire : 54 mètres de longueur sur 7 mètres de largeur. — Hauteur au centre, 2 mètres 50 cent.; aux extrémités, 30 cent. — Longueur totale du navire, y compris les mâts, 66 mètres.

Galeries pour les voyageurs, 22 mètres de longueur.

Châssis *mobiles* ou ailes, 2 mètres de largeur sur 5 mètres de longueur.

Hélices, 2 mètres de longueur sur 2 mètres 15 cent. de largeur.

Trois ballons de 22 mètres de diamètre.

POIDS :

	Kilog.
3 ballons	520
3 filets	480
5 soupapes	63
Cordages divers	600
Coque du navire	2,000
16 châssis *mobiles*	700
Voiles	100
2 machines à vapeur de la force de 3 chevaux	120
2 chaudières	900
4 hélices	280
Harpons, grapin, lest	900
8 hommes d'équipage	560
Total	7,023

Force ascensionnelle des ballons, 10,000 kilogrammes.

Paris. — Imprimerie Schneider, rue d'Erfurth, 1.

Il y a quatre siècles, un peuple, peu considérable par le nombre de ses habitants et par l'étendue de son territoire, s'inspira aux vastes pensées que lui apportaient, des horizons lointains, les vagues de l'Océan : — le Portugal, libre du joug étranger, préludait aux grandes découvertes maritimes.

Le désir inquiet des entreprises glorieuses, qui anime les peuples à certaines époques, eut en Portugal un puissant interprète, le prince Henri.

Né sur les marches du trône, le prince Henri demanda à l'enthousiasme de son cœur, à sa haute intelligence, à son dévouement à la patrie, une gloire durable.

Retiré à Sagres, à l'extrémité occidentale du Portugal, Henri contemple l'immensité des mers et plonge son regard dans l'avenir glorieux qu'il prépare à sa patrie. Sa pensée audacieuse se promène sur les flots majestueux ; les déserts de l'Océan s'animeront bientôt sous le sillage des navires portugais ; le génie national brillera au milieu de la *Mer des Ténèbres*.

Entouré de géographes, d'astronomes, de navigateurs, il crée l'art nautique en haute mer. Henri prodigue les encouragements et les récompenses. Il lance au large du cap Bojador (Afrique occidentale) les Gonzalès Zarco et les Tristan Vas : les îles de Porto-Santo et de Madère sont découvertes. Le cap Bojador est doublé : on reconnaît le Sénégal, la Côte-d'Or ; on touche la ligne où *l'air devait brûler comme le feu.*

La mort du prince n'arrête pas l'essor imprimé à la navigation : le Portugal poursuit la route tracée par Henri. Diaz arrive au cap de Bonne-Espérance : les Gama, les Cabral, les Albuquerque, les Magellan, mettent le comble à la gloire portugaise.

A notre époque, la pensée est dirigée vers un autre but. Les terres les plus importantes du globe paraissent être connues. Il ne s'agit plus de découvrir, il s'agit de féconder : il ne s'agit plus de savoir s'il existe d'immenses continents, il s'agit de pouvoir les visiter rapidement : — multiplier les rapports de l'Orient avec l'Occident, du Nord avec le Sud.

Les moyens de transport, animés par la vapeur, ont rapproché les distances. Quarante jours suffisent pour aller aux Indes orientales, vingt-cinq jours pour arriver dans l'Amérique centrale, dix jours pour se rendre à New-York. Bientôt on traversera l'Europe en chemin de fer.

Les *milliards* dépensés pour satisfaire le besoin de locomotion rapide qui nous domine ont-ils arrêté le désir d'abréger, de détruire, pour ainsi dire, les distances qui séparent les continents? Non! nous voudrions franchir les espaces avec la *vitesse des vents*, faire le tour du monde comme par enchantement.

Ce désir sera-t-il éternellement une utopie? L'humanité aspirera-t-elle éternellement à réaliser le vœu le plus cher à son imagination? N'accomplira-t-elle jamais rapidement le tour du monde par le domaine des airs?

Les aspirations de l'humanité ont toujours été satisfaites dans l'ordre moral comme dans l'ordre physique. Avant la découverte de l'Amérique, l'humanité était aussi dans l'attente, comme le dit si brillamment M. Alexandre de Humboldt. « Du haut des rivages des Canaries ou des « Açores, on croyait apercevoir, longtemps avant la découverte du nou- « veau monde, des terres situées à l'occident : c'était une illusion pro- « duite, non par le jeu d'une réfraction extraordinaire, mais par cette « ardeur qui nous entraîne au delà de notre portée... »

Et l'Amérique fut découverte.

La Navigation aérienne le sera aussi.

L'aéronautique créera le système le plus économique, le plus facile, le plus confortable, le plus attrayant, des communications intercontinentales.

La question peut être posée en ces termes :

L'art de construire les ballons, la force dont ils peuvent être doués, les moyens de direction *perpendiculaire, horizontale* et *latérale*, la météorologie, la connaissance de la direction constante de certains courants aériens, les instruments astronomiques pour mesurer les distances longitudinales, les instruments pour se rendre compte des distances verticales, ceux pour connaître la vitesse et la marche ascendante et descendante des aérostats, etc., etc.; tous ces faits forment-ils un ensemble assez puissant, assez logique, pour dire à l'homme que, s'il y aurait du courage à tenter de faire le tour du monde par les espaces aériens, il n'y aurait pas de folie?

En d'autres termes, l'aéronautique est-elle aussi avancée aujourd'hui que l'était l'art nautique lorsque Colomb, en tenant compte de toutes les données de la science à son époque, entreprit d'arriver aux Indes orientales par le chemin du Couchant?

Il n'est personne qui, après avoir étudié la question aéronautique, osât écrire que l'entreprise serait *vaine* et *chimérique*, comme le fit un des confesseurs d'Isabelle de Castille à l'égard de l'audacieux projet de Colomb.

Pourquoi donc l'entreprise glorieuse ne serait-elle pas immédiatement tentée? Craindrait-on quelques sacrifices d'argent? Les grandes découvertes se sont toujours accomplies avec des moyens proportionnellement très-faibles. C'est la loi humaine.

Colomb franchit l'Atlantique, Gama double le cap des Tempêtes, Magellan fait le tour du monde, et tous avec de faibles ressources. Dans les grandes entreprises, l'homme paye de son génie et de son courage : voilà ses capitaux.

Les temps ont changé depuis l'époque des grands navigateurs. Si l'on ne compte plus des reines disant, comme Isabelle la Catholique : « Je me charge de l'entreprise de Colomb ; mes bijoux, s'il est nécessaire, en feront les frais, » — le peuple s'est émancipé ; il administre une portion de la richesse sociale ; il peut en consacrer une fraction aux entreprises qui jettent de l'éclat sur ses annales. Il est assez riche pour payer sa véritable gloire.

L'heure solennelle paraît être arrivée. Encore quelques efforts, et les expériences aéronautiques répondront à l'attente générale.

Alors un navire aérien aux vastes dimensions, armé, gréé pour toutes les éventualités, monté par cent personnes animées du courage et de l'action nécessaires aux grandes entreprises, s'élancerait bientôt à la conquête du domaine des airs.

Le navire aérien, se dirigeant dans l'espace, représente la synthèse de la puissance humaine.

Il deviendra l'instrument le plus formidable de l'action unitaire de l'humanité. Par lui, les plaines du Sahara, comme les plateaux élevés du Thibet, les profondes vallées du Pérou, comme les îles de l'Océanie, seront reliés à l'Europe.

L'impulsion de la civilisation occidentale, celle qui mesure sa puissance A LA DOMINATION DES ÉLÉMENTS, celle qui maîtrise les forces naturelles et s'appuie sur la Science, se fera sentir sous toutes les latitudes.

Les indigènes des immenses massifs des terres africaines et asiatiques, là où les communications n'ont pu s'établir, s'éveilleront de leur léthargie séculaire.

La parole de l'Occident, tombant au milieu d'eux, les appellera à une nouvelle vie ; la magie de la science fouillera ces cerveaux paresseux, et les rattachera, d'enthousiasme, à la civilisation, à l'Unité humaine.

Un tressaillement universel embrasera le monde, et l'humanité marchera vers des destinées meilleures.

Là est l'inconnu, mais là aussi est la grandeur.

Là est la gloire impérissable, la gloire des Peuples, de la Démocratie et de la Liberté !

Août 1851.

NOTIONS ÉLÉMENTAIRES

SUR

L'AÉRONAUTIQUE

ET SUR

LES SCIENCES ACCESSOIRES A CET ART (1).

———◦〇◦———

Parmi les grandes découvertes et les fortes pensées qui agitèrent et remuèrent profondément le monde vers la fin du dix-huitième siècle, l'humanité compte avec orgueil l'invention des aérostats.

Avant cette époque, dès 1763, les propriétés du gaz hydrogène, fluide d'une admirable légèreté, avaient été décrites et mesurées par Cavendish avec le haut esprit d'analyse qui distinguait cet habile chimiste.

Le génie de Montgolfier et la sagacité expérimentale de Cavendish venaient de donner et de préparer les moyens de s'élever *sans danger* dans les airs.

Le savant physicien Charles eut l'heureuse pensée de combiner ces deux nouvelles puissances, et dota ainsi l'aéronautique d'une *immense* force ascensionnelle (2). Charles s'élança dans les airs le 1er décembre 1783, transporté par un ballon à gaz hydrogène, et parvint à la hauteur de 3,200 mètres.

Dès ce jour, l'immense océan atmosphérique qui enveloppe notre planète s'ouvrit à l'activité humaine. Dès ce jour, on comprit que l'homme arriverait à se rendre complétement maître des espaces aériens et à naviguer dans les zones célestes.

Les savants ne manquèrent pas à l'étude de cette noble et grande mission. Un officier du génie, Meusnier, homme d'une vaste et profonde intelligence, étudia avec ardeur pendant dix ans les problèmes qui se rattachaient au large développement de la navigation

(1) Nous détachons les pages suivantes d'un travail plus considérable sur l'*Aéronautique et les sciences accessoires à cet art*. On y trouvera les notions élémentaires de physique générale, de météorologie, d'astronomie, de physique du globe, de géographie descriptive et mathématique, de navigation maritime, etc., etc., en un mot de toutes les sciences qui ont un rapport direct avec l'aéronautique. Jusqu'ici, on n'avait pas encore envisagé l'aéronautique dans l'ensemble des connaissances qu'elle embrasse. Nous avons tenté de le faire. Nous écrivons pour le Peuple.

(2) Voir la puissance de cette force, page 14.

aérienne. Il conçut et étudia dans tous ses détails le projet gigantesque d'un aérostat de 87 mètres de diamètre sur 43, à l'aide duquel et en suivant les courants aériens (1) il voulait naviguer dans l'atmosphère, accompagné de trente personnes et approvisionné de vivres pour deux mois.

Malheureusement Meusnier fut tué au siége de Mayence, en 1793; les plans de cet homme éminent, mort membre de l'Institut et général du génie, ne furent point exécutés.

Néanmoins le Comité de salut public, s'étant entouré des savants les plus illustres de cette grande époque, protégea l'aérostation de sa main puissante.

Guyton-Morveau proposa d'employer les aérostats comme moyen d'observer les mouvements de l'ennemi. Coutelle réalisa ce projet et fut nommé capitaine des aérostiers. On sait que ce moyen d'exploration fut employé à la bataille de Fleurus et au débloquement de Maubeuge.

Le Directoire et le Consulat passèrent. Les grandes idées qu'ils avaient fait pénétrer dans les faits furent arrêtées dans leur essor. La science ne dirigea plus le mouvement social.

. . . . . Le gouvernement français ne lui demanda plus le secret de sauver la patrie, d'enrichir, d'illustrer la nation.

Elle redevint académique.

. . . . . L'aérostation ne fut plus encouragée, elle se traîna dans l'ornière des *petits* essais. On crut à l'impuissance du principe, parce que l'impuissance était dans les moyens que l'on employait.

L'invention de Montgolfier et de Charles fut taxée d'inutilité pratique, l'œuvre fut rapetissée; l'aérostation déclina et descendit à n'être plus qu'un sujet d'amusement pour les fêtes publiques. L'enfant qui venait de naître, destiné à régner sur le monde sublime des airs, fut abandonné : au lieu d'être élevé dans l'opulence et les grandeurs, on le laissa s'appauvrir et s'étioler. Appelé à planer sur l'empyrée, on ne sut pas développer ses muscles.

L'aigle trouve dans son instinct, dans sa forte charpente, dans la richesse de son organisation, les moyens de s'élancer dans la nue : — aussi accomplit-il sa carrière.

L'aérostat demande la puissante envergure de l'aigle; il veut, lui aussi, obscurcir le soleil par de vastes proportions; on en fait un jouet; — il perd sa force et sa valeur.

(1) Voir page 16.

L'aéronautique attendait donc une ère nouvelle, l'ère de sa Renaissance.

Avant de nous demander si elle est entrée dans une nouvelle phase de progrès, rappelons quelques idées et quelques principes indispensables pour bien comprendre la navigation aérienne.

Du gaz hydrogène.

Le gaz hydrogène est quatorze fois plus léger que l'air.

Si l'on renferme ce gaz dans une enveloppe imperméable, dans un ballon, il s'élèvera dans l'atmosphère, au lieu de rester appuyé sur la terre.

Non-seulement il pourra s'élever dans l'atmosphère, mais il entraînera avec lui d'autres corps proportionnellement très-lourds.

Donc, la grande légèreté du gaz hydrogène, mise en rapport avec le poids de l'air, constitue une véritable et puissante force ascensionnelle pour s'élever et se maintenir dans les airs.

De l'aérostation.

L'aérostation consiste à utiliser la force ascensionnelle du gaz hydrogène. Elle est fondée sur une loi de physique découverte il y a vingt et un siècles par Archimède. On la formule ainsi :

Tout corps solide plongé dans un fluide *est poussé du bas en haut* avec une force égale au poids du volume du fluide déplacé ;

Et en termes moins scientifiques : Un corps quelconque, plongé dans un fluide plus pesant que lui, *surnage* à la surface.

Le fer, et beaucoup d'autres métaux ayant une moindre densité que le mercure, un boulet de canon, par exemple, plongé dans une certaine quantité de ce liquide, montera à la surface et surnagera.

Les nuages s'élèvent et nagent dans l'atmosphère en vertu de leur moindre densité : ils montent jusqu'à la hauteur où un volume d'air égal à leur propre volume se trouve avoir un poids identiquement égal au leur (1).

Donc, un corps quelconque, plus léger qu'un même volume d'air pris à la surface du sol, quittera la terre et s'élèvera dans les airs.

_____

(1) La force des vents et la tension électrique concourent aussi à la suspension des nuages.

De l'aéronautique.

L'aéronautique, ou l'art de naviguer dans les airs, paraît de prime
abord un problème insoluble.
La grande mobilité des couches atmosphériques est au contraire
tout à l'avantage de l'aéronautique. Non-seulement les navires aériens
sillonnent avec une merveilleuse facilité l'atmosphère, et parcourent
rapidement les espaces, mais le mouvement de déplacement n'est
pas sensible pour les aéronautes.

Expliquons-nous :

Un navire naviguant sur un large cours d'eau est soumis à des
vents favorables ou à des vents contraires : les premiers le poussent dans la direction qu'il a choisie, les seconds l'en éloignent ou
l'empêchent d'avancer. Pourquoi, dans le premier cas, le mouvement
que le navire communique aux voyageurs est-il moins rude que
lorsqu'il a le vent contraire? Parce que les vents favorables impriment aux voiles du navire une plus grande force, c'est-à-dire un
moyen *plus puissant* de vaincre la résistance ou la densité de l'eau.
Si le vent est défavorable, il y a lutte entre la force qui entraîne la
nef et la force qui agite les voiles. Or, ce contraste, cette lutte,
existeraient-ils si le bâtiment plongeait entièrement dans l'eau ou
dans l'air, ou s'il n'était soumis qu'à la *seule* force du courant. Évi-
demment non, car les pressions qu'éprouveraient tous les points
du vaisseau, par le liquide ou le fluide qui l'environnerait, seraient
identiquement les mêmes : le vaisseau suivrait donc l'impulsion
imprimée par le milieu où il se trouverait, sans éprouver ni secous-
ses ni oscillations.

Ni la brise à peine sensible qui déplacerait un ballon de 5 centimètres par seconde, ni l'ouragan qui déracine les arbres, renverse
les édifices et imprimerait à un aérostat une vitesse de 45 mètres
par seconde, ou près de mille lieues en vingt-quatre heures, ni l'un
ni l'autre de ces vents ne causerait aux voyageurs aériens la moindre secousse, le moindre mouvement; car, nous le répétons, le
convoi aéronautique plonge entièrement dans un milieu qui a la
même densité et qui presse également sur tous les points les parois
de l'équipage.

De la puissance ascensionnelle de l'hydrogène contenu dans les ballons.

MESURE DE L'ÉTOFFE ET DE LA CONTENANCE DES BALLONS.

Les personnes peu familiarisées avec le langage des chiffres, voyant que, pour soulever dans les airs 3 à 4 personnes, on construit des ballons ayant une surface déjà considérable (300 à 350 mètres carrés d'étoffe), en tirent la conséquence que, pour transporter 100 personnes, il faudrait des ballons dont l'enveloppe aurait une surface 25 à 30 fois aussi étendue que celle nécessaire pour enlever 3 à 4 personnes.

Cette croyance serait une grave erreur.

Expliquons-nous.

Qu'est-ce qui communique à l'étoffe du ballon sa force ascensionnelle ? Le gaz hydrogène.

Eh bien ! il est clair que, plus un ballon renfermera d'hydrogène, plus il aura de force.

La force ascensionnelle est donc proportionnelle à la contenance, à la capacité (volume) du ballon.

Comment mesure-t-on la capacité ou le volume d'un corps ? Par un autre récipient ou mesure pouvant contenir une certaine quantité *déterminée* de ce même corps (unité de mesure), c'est-à-dire par un récipient ayant *au moins* un fond (largeur) et des parois (hauteur), fixés autour de ce fond, comme une boîte ouverte, par exemple.

Cette boîte de mesure a une forme régulière, elle est ordinairement aussi haute que large et longue, c'est-à-dire, en termes scientifiques, qu'elle a une *forme cubique*, qu'elle est un *cube*. Or, pour avoir la contenance d'une mesure cube, il faut multiplier sa largeur par sa longueur et par sa hauteur, et, comme nous avons dit que ces trois dimensions sont égales entre elles, si la largeur est de 5 centimètres, par exemple, il faudra multiplier ce chiffre 5 par la longueur et la hauteur ou *deux* fois par lui-même. On obtiendra ainsi 125 centimètres cubes, nombre égal à la capacité d'une mesure ayant 5 centimètres linéaires de côté.

La capacité, la contenance (volume) du ballon, s'obtient donc avec une mesure dont la capacité est un *cube*.

Ceci établi, comment mesure-t-on la surface d'une étoffe ? En multipliant sa longueur par sa largeur. Or, pour se rendre un compte exact de la surface ou de la quantité d'une étoffe large ou étroite, on la mesure dans les deux sens avec une mesure qui, ne changeant pas de longueur (unité de mesure), ramène à une même dimension et la longueur et la largeur de l'étoffe. Supposons une mesure de 5 centimètres de longueur. Pour avoir la surface de cette étoffe, il suffira donc de mesurer un de ses côtés par 5 centimètres, et de multiplier ce nombre une fois par lui-même. On obtiendra ainsi le carré de l'étoffe ou la surface, qui sera de 25 centimètres.

Si par ces explications nous avons donné une idée claire de la différence qui passe entre le *cube* et le *carré* d'un nombre, on comprendra facilement tout à l'heure pourquoi la surface de l'enveloppe du ballon n'augmente pas d'une manière démesurée lorsque la force ascensionnelle croît d'une manière très-considérable.

Car on démontre en géométrie que la capacité ou le volume d'une enveloppe sphérique augmente :

En proportion du *cube* de la longueur du rayon de cette sphère ;

Et la surface ou l'étendue de cette même enveloppe :

En proportion seulement du *carré* de la longueur de ce même rayon.

Ajoutons que lorsque l'étoffe du ballon s'élève dans les airs, ce n'est pas son étendue que l'on doit considérer, mais son poids.

On comprendra donc que :

L'augmentation de la force ascensionnelle d'un ballon est proportionnelle :

Au *cube* du nombre qui représente la longueur linéaire du rayon du ballon, c'est-à-dire, au produit qui résulte de la longueur du rayon du ballon multipliée *deux fois* par elle-même.

Tandis que,

L'augmentation du poids de la surface de l'étoffe est proportionnelle :

Au *carré* du même nombre, c'est-à-dire au produit du rayon du ballon multiplié *une fois* par lui-même. Or, comme nous l'avons dit, la différence entre le produit du cube ou du carré d'un nombre est très-considérable :

Le cube de 100 est de. 1,000,000
Le carré de 100 n'est que de. 10.000

Différence en plus pour le cube. 990,000

Donc on pourra obtenir une très-grande force d'ascension sans avoir besoin d'une très-large étendue d'étoffe, ou d'un nombre excessivement grand de mètres carrés de surface.

Au surplus, le tableau suivant donne la progression de l'immense force ascensionnelle qu'acquièrent les ballons *sphériques* lorsque leur diamètre ou le nombre des mètres carrés d'étoffe augmente dans certaines proportions.

RAYON DU BALLON. Surface du ballon.	TOTALITÉ DE L'ÉTOFFE DU BALLON.	CAPACITÉ OU VOLUME DU BALLON.	POIDS QUE PEUT ENLEVER LE BALLON DANS LES AIRS. Force ascensionnelle du ballon.	NOMBRE D'HOMMES QUE LE BALLON PEUT TRANSPORTER DANS LES AIRS, non compris LE POIDS DU NAVIRE AÉRIEN, DES AGRÈS ET DES VIVRES.
Mètres linéaires.	Mètres carrés.	Mètres cubes.	Kilogrammes.	Nombre d'hommes à 70 kilogrammes chacun.
3	113	113	102	1
4	201	286	262	3
5	314	523	555	7
6	452	904	944	13
8	804	2144	2331	33
9	1017	3055	3363	48
10	1256	4186	4175	59
15	2827	14135	16116	230
20	5026	33506	38700	552
25	7885	65691	76464	1092
30	11309	113093	132389	1891
40	20106	268081	315667	4509
50	31415	523585	618893	8841
75	70685	1767125	2099350	29990

Ces évaluations sont basées sur des expériences bien constatées, et sur des calculs de la plus grande exactitude (1).

(1) Au surplus, voici l'expression mathématique ou la formule trouvée par les physiciens pour connaître la force ascensionnelle des ballons sphériques : — dans cette formule.

P représente le poids soulevé par le ballon, y compris le poids de l'étoffe qui forme le ballon;

R : la longueur du rayon de l'aérostat sphérique;

p : le poids de l'unité de surface de l'enveloppe, soit un mètre carré d'étoffe, par exemple;

d : le poids de l'unité de volume de l'air, soit un mètre cube;

d' : le poids de l'unité de volume du gaz hydrogène, soit un mètre cube.

Formule de l'aérostat sphérique.

$$P = \frac{4}{3}\pi R^3 (d - d') - 4\pi R^2 p.$$

Ou en langage ordinaire :

Le nombre de kilogrammes équivalant au poids (P) soulevé par un ballon sphérique rempli d'hydrogène (force ascensionnelle du ballon), s'obtient :

En multipliant le *tiers* de la longueur linéaire de la circonférence du ballon par deux fois successives la longueur du rayon (cube du rayon) de l'aéro... $\left(\frac{4}{3}\pi R^3\right)$

En multipliant le produit qui en résulte par la différence du poids de l'air comparé à celui de l'hydrogène (d — d') que contiendrait le ballon;

En retranchant du produit obtenu $\left(\frac{4}{3}\pi R^3 (d - d')\right)$ le poids de l'étoffe qui est

Nous avons seulement supposé dans nos calculs que l'étoffe du ballon pesât 300 grammes le mètre carré; poids *plus* que suffisant pour obtenir des ballons complétement imperméables(1). Les poids de l'air et de l'hydrogène sont des poids connus.

Un mètre cube d'air pèse *mille* et 300 grammes;

Un mètre cube d'hydrogène ne pèse que 100 grammes.

Les vastes proportions qu'il s'agit de donner aux ballons n'ont rien de merveilleux. Elles sont en rapport avec l'immensité des espaces à parcourir.

Peu importe que les géants des eaux deviennent petits à côté des colosses de l'air. Les plaines liquides sont-elles comparables à l'immensité et aux sublimes profondeurs de l'atmosphère?

Météorologie.

La science qui s'occupe des phénomènes de l'atmosphère, la météorologie, est encore peu avancée. Depuis l'invention de Montgolfier, au lieu de sonder les profondeurs de l'atmosphère avec des aérostats, on n'a fait des études que sur quelques hautes montagnes, études incomplètes et ne pouvant amener que des résultats peu satisfaisants.

Les deux grandes questions de la limite de l'atmosphère *où l'air cesse* et de la température des espaces aériens restent encore à l'état de problème. Les astronomes et les météorologistes sont loin d'être d'accord sur la hauteur de l'atmosphère; la différence n'est pas minime, elle varie entre 16,000 et 115,000 mètres; quant à la température, question bien plus facile à résoudre, les aéronautes scientifiques ne nous ont rien appris de positif à ce sujet. Les uns trouvent le chaud là où les autres trouvent le froid avec des différences énor-

égal à *deux* fois la longueur linéaire de la circonférence du ballon sphérique $(4\pi R)$, multipliée par le rayon (R);

En multipliant, enfin, ce dernier produit $(4\pi R^2)$ par le poids (p) d'un mètre carré d'étoffe $(4\pi R^2 \times p)$.

Si, au lieu d'un ballon sphérique, on prenait un ballon d'une forme cylindrique, les mêmes conséquences s'ensuivraient, relativement au grand accroissement de la force ascensionnelle, sans augmenter considérablement la surface de l'étoffe.

On démontre, en effet, en géométrie, que les volumes des cylindres augmentent:

En proportion des cubes des rayons;

Et les surfaces cylindriques:

En proportion seulement des carrés des rayons;

absolument comme les volumes ou les surfaces des ballons sphériques.

(1) Le poids de l'étoffe des ballons ordinaires avec lesquels on fait de courtes excursions ne dépasse pas 200 grammes le mètre carré, ou 1/5 de kilogramme.

més de 30 degrés *au-dessous* de la glace fondante. Il est vrai que ces expérimentateurs ne paraissent pas avoir tenu compte du rayonnement solaire et du rayonnement terrestre. Or, les heures du jour auxquelles se font les expériences doivent avoir une très-grande influence sur la température de l'atmosphère. Il ne faudrait donc comparer entre elles que les expériences faites aux mêmes heures de la journée, au même mois, à la même saison, sous les différentes latitudes.

Détermination des courants aériens.

La détermination des courants aériens est de la plus haute importance pour l'aéronautique. On comprend, en effet, que, si l'on peut fixer d'une manière assez exacte la position et la direction de ces courants, ils deviendront, pour la navigation aérienne, des *rapides*, qui, à l'instar des fleuves, entraîneront les embarcations de l'air dans des régions déterminées ; il suffira de se plonger dans ces courants et de se laisser transporter.

On ne saurait nier l'existence de deux grands courants, l'un *équatorial* (chaud), l'autre *polaire* (froid), c'est-à-dire partant des centres mêmes de la vitalité du globe.

Des météorologistes distingués, en étudiant la direction des nuages, affirment qu'il existe jusqu'à six courants secondaires sur une hauteur de 3,000 mètres. Quoi qu'il en soit, et pour nous arrêter seulement aux phénomènes bien constatés et qui permettent d'en tirer des inductions générales, nous nous bornons à résumer les faits que la science a enregistrés (1).

Courants aériens constants, — froids ou frais du levant (vents constants d'Est ou alizés) (2).

Parmi les courants aériens invariables bien constatés qui règnent

(1) Consulter pour la réalité des faits que nous alléguons les ouvrages ou les mémoires de : MM. DE HUMBOLDT, HALLEY, PRÉVOST, HADLEY, PELTIER, CH. RITTER, HEINEI-KEN, DOWE, BERGHAUS, KAEMTZ, HAEGHENS, WALZ, CH. MARTINS, LALANNE, LARTIGUE, etc.

(2) La distinction des vents par les points de l'horizon d'où ils soufflent n'est point encore une notion populaire.

On se fera, croyons-nous, une idée plus nette des courants constants aériens en les distinguant par l'impression du froid et du chaud qu'ils produisent sur nous.

Or, l'air qui forme les courants d'est, ou alizés, part des centres polaires ou des régions glaciales du globe, et s'avance vers les régions très-chaudes (tropiques, équateur). Dans sa longue course, l'air polaire perd sa température glaciale, mais il à la surface des mers et dont les marins se servent pour accomplir certains voyages de long cours, il faut compter, en premier lieu, les courants constants froids du levant.

Ces courants suivent toujours la même direction du levant au couchant.

Les courants aériens froids s'étendent de chaque côté de l'Équateur (ligne du milieu du globe), sur une largeur de plusieurs centaines de lieues. L'un souffle sur l'hémisphère nord, l'autre sur l'hémisphère sud.

Courant aérien constant froid de l'océan Pacifique.

On comprend qu'un courant aérien sera d'autant plus libre dans sa marche qu'il pourra développer plus régulièrement son impulsion première : alors il suivra sans dévier la route éternelle que lui a tracée le Créateur.

Les courants aériens froids de l'océan Pacifique présentent cette régularité dans leur marche.

Depuis les côtes occidentales des deux Amériques jusqu'aux côtes orientales des grandes îles des mers de la Chine (hémisphère nord) et des terres de la Nouvelle-Hollande (hémisphère sud), l'océan Pacifique étale majestueusement l'immensité de ses eaux, et n'oppose aux courants aériens constants que des îles d'une faible élévation dont s'émaille çà et là sa vaste étendue.

La constante régularité du courant froid de notre hémisphère sur l'océan Pacifique, au nord de l'Équateur, a été constatée des milliers de fois. Pendant de longues années, les Espagnols étaient, on le sait, les seuls navigateurs de cette zone du grand Océan. Des navires chargés d'or partaient fréquemment d'Acapulco (Mexique) pour les îles Philippines, situées au couchant de cette ville à la même distance de l'Équateur (latitude) que le port mexicain. Ces navires, poussés par le courant aérien froid (du levant), suivaient une ligne si régulièrement droite, qu'ils n'approchèrent jamais de certaines îles peu éloignées de leur route, qui furent découvertes depuis. Et pourtant la distance d'Acapulco aux Philippines est de 16,000 kilomètres (4,000 lieues), près de la moitié du tour du globe dans cette position ou sous cette latitude.

---

conserve encore assez de fraîcheur pour être appelé froid ou frais dans nos climats, comme dans celui des tropiques.

On peut donc appeler les courants constants d'est ou alizés des courants aériens froids.

Courant aérien constant froid de l'océan Atlantique.

La largeur de l'océan Atlantique, sous les tropiques, entre les côtes occidentales de l'Afrique et les côtes orientales des deux Amériques, n'est que de 5,300 à 6,600 kilomètres (1,200 à 1,500 lieues).

Resserré entre des continents où s'élèvent des chaînes de montagnes d'une grande hauteur, l'océan Atlantique devrait être moins favorable au libre développement du courant aérien froid que l'océan Pacifique.

Comment les premiers navigateurs qui, des îles Canaries, se dirigèrent vers le couchant, trouvèrent-ils ce courant froid ou frais jusqu'alors inconnu? Les compagnons de Colomb se plaignaient qu'il leur fût trop favorable : se voyant constamment poussés dans la *même* direction, ils craignaient de ne plus revoir leur patrie.

Colomb, parti le 6 septembre des Canaries, arriva en vue des îles d'Amérique le 11 octobre suivant; le 8 octobre, il consignait pour la seizième fois sur son journal de voyage : « La mer est comme le « fleuve de Séville, la température est aussi douce qu'au mois d'a-« vril, et l'air si embaumé, que c'est plaisir de le respirer. »

Les géographes et les météorologistes modernes admettent que « les vents d'est (courant aérien froid) sont si constants et si forts, « que, s'il y avait un détroit à l'endroit de l'isthme de Panama, on « irait beaucoup plus vite à la Chine en traversant le détroit améri-« cain que par l'Afrique en doublant le cap de Bonne-Espérance. »

Contre-courants aériens des régions supérieures ou courants chauds (1).

Les physiciens et les météorologistes admettent le principe suivant, basé à la fois sur le raisonnement et sur l'expérience :

« Si deux régions voisines sont inégalement échauffées, il se pro-« duit dans les couches supérieures un vent allant de la région « chaude à la région froide, et à la surface du sol un *courant con-*« *traire* allant de la région froide à la région chaude. »

La vérité de ce principe est de toute évidence. L'air échauffé se raréfie ou perd de son poids : devenant plus léger, il s'élève; en s'élevant, il laisse un vide dans l'espace qu'il occupait avant d'être échauffé.

(1) Ces courants partent des très-chaudes régions de l'équateur et conservent, dans leurs courses vers les centres polaires, une partie de leur calorique.

Les couches atmosphériques, jouissant d'une extrême mobilité, se déplacent facilement. De même que l'eau suit l'inclinaison du sol, l'air se déverse dans les vides qu'il trouve. De là le mouvement de l'air, de là la formation des courants et contre-courants superposés ou parallèles les uns aux autres.

Contre-courant aérien chaud du couchant (ouest), supérieur au courant aérien froid du levant (est), allant en sens contraire de ce dernier.

Nous avons vu qu'il existait, sur une largeur de plusieurs centaines de lieues en deçà et au delà de l'Équateur, sur l'hémisphère nord et sur l'hémisphère sud, rasant les immenses surfaces des deux océans Pacifique et Atlantique, le courant constant aérien froid allant du levant au couchant, c'est-à-dire en sens opposé du mouvement diurne de la terre, qui se fait du couchant au levant.

Ce courant froid, dans les régions inférieures de la terre, est-il accompagné d'un contre-courant constant chaud dans les régions supérieures, c'est-à-dire d'un courant allant du couchant au levant?

Ce contre-courant chaud, dont la raison et les à priori de la science admettent l'existence, a été reconnu par l'expérience, sur plusieurs points du globe.

Dans notre hémisphère, au sud de Lisbonne, non loin de Madère, aux îles Canaries, situées sous le courant aérien froid, il existe une haute montagne, qui s'élance dans les airs à une élévation de 3,710 mètres (1).

C'est le Pic de l'île de Ténériffe. Eh bien! tandis qu'à la surface de l'Océan jusqu'à une certaine hauteur le Pic est constamment battu par le courant aérien froid du levant, au sommet du pic il souffle sans interruption un vent violent du couchant (vent chaud).

On comprend que ce fait météorologique est de la plus haute importance. Constaté par les voyageurs qui ont monté sur le Pic, par M. de Humboldt lui-même, ce phénomène est aujourd'hui acquis à la science.

Mais, s'il est facile de vérifier au sommet du Pic de Ténériffe l'existence du contre-courant supérieur, on conçoit qu'il n'en est pas ainsi pour les contrées situées dans la même direction, soit à droite, soit à gauche de cette haute montagne.

A défaut d'observatoires immobiles aussi élevés, les aéronautes, montés dans leurs observatoires mobiles, pourraient seuls, semble-t-il, se rendre compte de la direction que suit le contre-courant supérieur.

(1) Trente-cinq fois la hauteur du dôme des Invalides.

Or, il n'a point encore été fait d'ascension aéronautique dans ces parages, mais l'esprit d'observation est fécond en heureux résultats, et la nature aime parfois à dévoiler ses mystères.

Les éruptions volcaniques vinrent apporter de nouvelles preuves à l'existence du contre-courant supérieur. On sait que ces montagnes lancent parfois, de leurs cratères ardents, d'immenses gerbes de cendres, qui vont s'égarer dans les hautes régions de l'atmosphère.

Voici donc ce qui arriva lors des éruptions des volcans situés dans les régions où souffle près de la terre, ainsi qu'au pied du Pic de Ténériffe, le courant inférieur froid : et cela à des distances de 1,500 à 2,000 lieues des Canaries.

ILES D'AMÉRIQUE. (*Couchant du Pic de Ténériffe.*) — Les habitants de la Barbade virent, en 1812, des nuages de poussière volcanique passer dans une direction contraire à celle du courant aérien froid qui soufflait sur la mer. Ces nuages de cendres provenaient d'un volcan de l'île de Saint-Vincent, située au couchant de la Barbade. Transportés dans les hautes régions de l'atmosphère, ces nuages y rencontrèrent donc le contre-courant aérien chaud.

CONTINENT AMÉRICAIN. — En février 1835, les cendres du Cosiguina, volcan du Guatemala, obscurcirent le ciel pendant plusieurs jours ; élevées jusque dans le contre-courant supérieur, elles allèrent tomber à Kingston, une des principales villes de la Jamaïque (grandes Antilles), située au levant du Guatemala.

Il y a plus : pour compléter les observations qui prouvent l'existence du contre-courant supérieur traversant l'Atlantique, Paludan, navigateur familiarisé avec cet Océan, affirme avoir souvent remarqué de petits nuages parcourant les régions supérieures en sens inverse du vent alizé (courant froid), qui soufflait sur la mer.

AFRIQUE. (*Levant du Pic de Ténériffe.*) — Bruce observa, dans son célèbre voyage en Abyssinie, que de petits nuages très-élevés allaient en sens inverse du courant aérien froid qui rasait la terre, c'est-à-dire qu'ils se dirigeaient du couchant au levant.

Le Guatemala se trouve à 8,000 kilomètres (2,000 lieues) au couchant du Pic de Ténériffe ; l'Abyssinie à 6,600 kilomètres (1,600 lieues au levant).

Nous le répétons, le Guatemela, l'île de Ténériffe et l'Abyssinie occupent des régions où souffle le courant aérien inférieur froid du levant.

Le contre-courant supérieur chaud, du couchant, a donc été reconnu en plusieurs points différents, sur une longueur de 14,600 kilomètres (3,650 lieues) : les 2/5 du pourtour de la terre, sous cette latitude, qui n'est plus que de 36,751 kilomètres.

Pourquoi ce contre-courant supérieur chaud ne s'étendrait-il pas plus au loin ? pourquoi, en s'avançant de proche en proche, n'accomplirait-il pas le tour du monde ?

La logique et la marche des phénomènes météorologiques s'accordent pour affirmer qu'il en est ainsi.

Comment supposer, en effet, que le contre-courant supérieur chaud, après avoir été reconnu sur une longueur de 14,600 kilomètres (3,650 lieues), s'arrêterait tout à coup, comme par enchantement. Une masse d'air aussi prodigieuse, une fois mise en branle, avec une vitesse aussi considérable, peut bien monter plus ou moins dans l'espace, s'étendre en largeur ; mais s'arrêter court dans sa marche, c'est impossible.

Il y a plus, le contre-courant supérieur chaud doit nécessairement suivre une marche plus régulière que celle du courant inférieur froid ; moins soumis à l'influence des terres, le contre-courant supérieur du couchant doit avancer avec la régularité que l'on remarque sur l'océan Pacifique, au courant inférieur du levant.

Peu importe que les courants froids, sortis des centres polaires, tendent vers l'équateur et semblent y mourir ; peu importe que les contre-courants supérieurs chauds (sortis de l'équateur) s'épanchent vers les centres polaires et semblent également s'y perdre ; toujours est-il que les courants aériens conservent, sur une largeur considérable de leur parcours, une force puissante qui poussera constamment les navires aériens.

Tout nous révèle donc que les contre-courants supérieurs existent, qu'ils doivent être réguliers dans leur marche, et qu'ils suivent la loi constante que leur a assignée la Providence.

C'est donc à l'homme à utiliser cette grande route qui court avec une vitesse prodigieuse (1). . . . .

Analogie entre les courants constants aériens et les courants constants océaniques.

L'analogie est la loi universelle de la création. La nature agit constamment par comparaison, par similitude : elle a établi des rapports, des ressemblances entre les grands phénomènes sur lesquels l'homme est appelé à méditer.

(1) On trouve un nouvel exemple de l'existence des *contre-courants aériens* à une grande hauteur dans une relation que donne le *Moniteur Belge*, d'une éruption volcanique qui a eu lieu les 10, 11, 12 juillet 1847, dans l'île d'Amargoura (archipel de Tonga ; Océanie).

La loi d'analogie porte en elle-même la sanction sublime de l'omniscience divine : elle est la preuve la plus frappante de la perfection de l'œuvre du Seigneur.

Est-il possible, en effet, d'imaginer quelque chose de plus parfait que le parfait lui-même ? Eh bien ! Dieu après avoir infiltré, pénétré, saturé la matière de perfection, a dû nécessairement se copier lui-même, et faire briller sur tous les règnes de la création l'auréole divine de la Loi d'analogie. » Dieu obéit toujours à ce qu'il a commandé une fois. » (Cardinal de Retz.)

Le mouvement, la vie, fait tressaillir les entrailles de tous les êtres ; les fluides impondérables, l'électricité, le magnétisme, le calorique, imprègnent la matière de leur force subtile et merveilleuse ; — l'âme déverse sur notre cerveau les émanations divines et agite la pensée de l'homme, dans le bouillant foyer de l'âme de l'humanité.

Les courants impondérables, gazéiformes ou liquides vitalisent tous les corps : tous les corps, suivant leur nature, possèdent des canaux, des pores ou des vides dans lesquels s'infiltre, s'épanche ou coule la vie qui leur est propre.

Le grain de sable, comme les plus hautes montagnes de l'Himalaya ; — les gouttes de rosée qui ornent de leurs perles la reine des fleurs, comme les tumultueuses vagues de l'Océan, qui s'élancent frémissantes contre les caps des mers boréales ; — le zoophyte comme l'homme ; — tous les êtres reçoivent la vie de la circulation. La circulation est le grand lien social de la nature : par lui elle établit la solidarité matérielle entre les êtres, comme par les pures irradiations de l'esprit, elle transmet, de peuple à peuple, de génération à génération, la consolante pensée d'une solidarité morale, synthétisée dans la conception supérieure de la Liberté humaine.

Nous avons indiqué sommairement l'existence du grand système circulatoire de l'atmosphère. Sur des proportions moins colossales, les océans liquides offrent à l'observation des phénomènes analogues.

Il y a mieux. L'existence et la régularité des courants océaniques autour du globe devraient seules suffire pour nous convaincre de l'existence et de la régularité des courants constants aériens.

La science maritime compte déjà dans ses fastes un grand nombre de voyages de circumnavigation par les routes océaniques. Quel est le peuple qui s'élèvera le premier et qui dira : A moi la gloire de tenter la course à travers les espaces, en accomplissant le tour du monde par le domaine des airs.

Alexandre de Humboldt, dans sa *Vue synthétique sur le monde*, dans son *Cosmos*, donne une description des courants océaniques. Le lecteur nous saura gré d'avoir emprunté à ce savant illustre quelques pages du travail qui couronne une vie toute consacrée à la science.

« Les *courants océaniques*, dont on ne saurait méconnaître l'in-
« fluence sur les relations des peuples et sur le climat des contrées
« voisines des côtes, dépendent du concours presque simultané d'un
« grand nombre de causes plus ou moins importantes. On peut
« compter parmi ces causes : la propagation successive de la marée
« dans son mouvement autour du globe ; la durée et la force des
« vents régnants.

« ..... Les courants présentent au milieu des mers un singulier
« spectacle : leur largeur est déterminée, ils traversent l'Océan
« comme des fleuves dont les rives seraient formées par les eaux en
« repos. Leur mouvement contraste avec l'immobilité des eaux voisi-
« nes ; surtout lorsque de longues couches de varecs, entraînées
« par le courant, permettent d'en apprécier la vitesse.

« ..... La marche progressive des marées et les vents alizés (1)
« font naître, entre les tropiques, le mouvement général qui entraîne
« les eaux des mers de l'orient à l'occident ; on le nomme courant
« *équatorial* ou courant de rotation. Sa direction varie par suite de
« la résistance que lui opposent les côtes orientales des continents.
« En comparant les trajets exécutés par des bouteilles que des voya-
« geurs avaient jetées, à dessein, à la mer, et qui furent recueillies
« plus tard, Daussy a récemment déterminé la vitesse de ce courant.

« ..... Christophe Colomb avait reconnu l'existence de ce courant
« pendant son troisième voyage, le premier où il ait tenté d'atteindre
« les régions tropicales par le méridien des Canaries. On lit, en ef-
« fet, dans son livre de *loch* : « Je tiens pour certain que les eaux
« de la mer se meuvent, comme le ciel, de l'est à l'ouest (*las aguas
« van con los cielos*), » c'est-à-dire selon le mouvement diurne appa-
« rent du soleil, de la lune et de tous les astres.

« Les courants, véritables fleuves qui sillonnent les mers, sont de
« deux sortes : les uns portent les eaux chaudes vers les hautes lati-
« tudes (2), les autres ramènent les eaux froides vers l'équateur. Le

(1) Les notes suivantes n'appartiennent pas au texte du *Cosmos*.

(2) Les hautes latitudes, c'est-à-dire les surfaces continentales ou océaniques
situées près des pôles : les centres polaires sont, en effet, à la plus grande distance
(latitude) de la ligne du milieu du globe (équateur).

« fameux courant de l'océan Atlantique, le *Gulf-Stream* (1), et déjà
« reconnu dans le seizième siècle par Anghiera et surtout par sir
« Humfrey-Gilbert, appartient à la première classe. C'est au sud du
« cap de Bonne-Espérance qu'il faut chercher l'origine et les premiè-
« res traces de ce courant ; de là il pénètre dans la mer des Antilles,
« parcourt le golfe du Mexique, débouche par le détroit de Babama,
« puis, se dirigeant du sud-sud-ouest au nord-nord-est, il s'éloigne
« de plus en plus du littoral des États-Unis, s'infléchit vers l'est au
« banc de Terre-Neuve et va frapper les côtes de l'Irlande, des Hé-
« brides (2) et de la Norwége, où il porte des graines tropicales.
« .... Son prolongement du nord-est réchauffe les eaux de la mer
« et exerce sa bienfaisante influence jusque sur le climat du promon-
« toire septentrional de la Scandinavie.
« A l'est du banc de Terre-Neuve, le *Gulf-Stream* se bifurque et
« envoie non loin des Açores une seconde branche vers le sud.
« .... On voit que ce courant appartient, presque tout entier, à la
« partie septentrionale du bassin de l'Atlantique ; il côtoie trois con-
« tinents : l'Afrique, l'Amérique et l'Europe.
« Un second courant dont j'ai reconnu la basse température, dans
« l'automne de l'année 1802, règne dans la mer du Sud et réagit
« d'une manière sensible sur le climat du littoral. Il porte les eaux
« froides des hautes latitudes australes vers les côtes du Chili ; il
« longe ces côtes et celles du Pérou en se dirigeant d'abord du sud
« au nord, puis, à partir de la baie d'Arica (3), il marche du sud-
« sud-est au nord-nord-ouest.
« Entre les tropiques la température de ce courant froid n'est que
« de 15°,6 en certaines saisons de l'année, pendant que celle des
« eaux voisines en repos monte à 27°,5 et même à 28°,7. Enfin, au
« sud de Payta (4), vers cette partie du littoral de l'Amérique méri-
« dionale qui fait saillie à l'ouest, le courant se recourbe comme
« la côte elle-même, et s'en écarte en allant de l'est à l'ouest ; en
« sorte qu'en continuant à gouverner au nord, le navigateur sort du
« courant et passe brusquement de l'eau froide dans l'eau chaude.
« On ignore à quelle profondeur s'arrête le mouvement des masses
« d'eaux chaudes ou froides qui sont entraînées ainsi par les cou-

(1) *Gulf-Stream*, mot à mot : Torrent du golfe. Ce torrent ou courant se fait surtout sentir dans le golfe du Mexique. Les Espagnols donnent à la partie nord de ce
courant le nom de *Golfo de las Yeguas* (courant des Cavalles).
(2) *Hébrides* ou *Westernes*. Groupe d'îles au couchant de l'Écosse
(3) Port et ville de la république du Bas-Pérou.
(4) Ville de la république de l'Équateur, sur le fleuve Guayas.

« rants océaniques ; ce qui porterait à croire que ce mouvement se
« propage jusqu'aux couches les plus basses, c'est que le courant de
« la côte méridionale de l'Afrique se réfléchit sur le banc de Lagul-
« las, dont la profondeur est de 70 à 80 brasses. »

. . . .

Progrès de la navigation aérienne.

La science de naviguer dans les airs, l'aéronautique, est restée
stationnaire depuis la fin du siècle dernier. Les capitaux, les moyens
d'expérimentation lui ont manqué. Mille projets plus ou moins ra-
tionnels se sont présentés pour arriver à la solution du problème
de l'aéronautique, aucun n'a été essayé d'une manière sérieuse. On
n'a même pas cherché à expérimenter le projet de Meusnier (voir
page 9), qui cependant aurait mérité la peine qu'on s'y arrêtât.

Le progrès des sciences, dans le domaine de la pratique, n'est
qu'une question d'argent. Là où il manque, le progrès est nul.

Des millions et des millions ont été dépensés pour la locomotion à
la vapeur, soit par terre, soit par eau, mais pas une obole n'a été ac-
cordée à la locomotion par les airs.

Et l'on se plaint de l'enfance de cet art ! cela est tout bonnement
absurde !

Cependant, dans ces derniers temps, il a été grandement question de deux systèmes de locomotion aérienne : du système du docteur Van Hecke et du système Petin.

Nous n'entrerons pas dans les détails du système Van Hecke,
nous préférons renvoyer le lecteur aux rapports des corps savants
qui l'ont jugé favorablement (1). Nous constaterons seulement que
le docteur Van Hecke faisait consister la locomotion aérienne dans
l'application d'un moyen mécanique propre à faire monter et descendre le ballon sans jeter de lest ni perdre de gaz. Ce moyen de locomotion *verticale* lui suffisait, car il lui permettait d'aller rejoindre
les courants atmosphériques qui, pour lui, devenaient les véritables
routes de l'air, il s'y plongeait et s'y laissait entraîner. Une fois
lancé dans l'atmosphère par la force ascensionnelle du ballon, le
docteur Van Hecke ne demandait à son mécanisme que la puissance
de descendre ou de monter à volonté. Il trouvait cette puissance
dans des ailes *flexibles* qu'il adaptait à la nacelle et que l'on faisait
tourner verticalement.

(1) Rapport de l'Académie des sciences de Paris. Commissaires : MM. Poncelet,
Séguier et Babinet (1er février 1847). — Rapport de l'Académie de Bruxelles. Commissaires : MM. Quetelet, Timmermans et Devaux (septembre 1847.)

Il est à regretter que le gouvernement belge n'ait pas prêté son appui à une invention qui aurait pu faire faire un pas considérable à la navigation aérienne. Le dévouement de l'inventeur et celui de quelques amis restèrent impuissants devant les frais qu'il fallait supporter.

SYSTÈME PETIN.

Tout est nouveau dans le système Petin ; théorie et pratique, principe et application. La découverte de M. Petin n'est pas due au hasard, c'est un raisonnement.

Si l'application répond, de prime-saut, à la théorie, ce sera le triomphe le plus éclatant de l'induction scientifique. C'est là le côté vraiment original et supérieur du système Petin.

M. Petin s'est posé ce problème : navigation à volonté de l'homme dans les airs. Pour y arriver, il a soumis à l'analyse scientifique les phénomènes que présentent les corps inertes et les êtres animés qui se meuvent sur la terre, dans l'eau et dans l'espace. Il a groupé ces phénomènes et en a tiré des lois générales.

Ces lois générales, il les applique à la navigation aérienne, et, comme tout se lie, s'enchaîne, se coordonne dans la création, la navigation aérienne devait sortir de cette étude approfondie des lois naturelles du mouvement et de la locomotion.

Jusqu'ici, et depuis la découverte de Montgolfier, l'homme avait acquis la puissance de s'agiter dans l'air. Mais se mouvoir, errer dans les airs, ce n'est pas avancer suivant une direction, ce n'est pas voyager, ce n'est pas atteindre un but déterminé à l'avance.

La locomotion atmosphérique ne s'était pas encore élevée au rang de navigation aérienne.

Pour y arriver, il fallait, d'une part, décomposer à volonté les forces qui poussent exclusivement de bas en haut et de haut en bas en ligne droite ; de l'autre, n'être plus l'esclave de la moindre agitation atmosphérique, n'être pas le jouet des vents.

M. Petin a sorti la locomotion aérienne de la dépendance qui l'attachait à la ligne perpendiculaire ; il avance en suivant une ligne inclinée plus ou moins horizontale ; il peut, au besoin, louvoyer contre le vent, c'est-à-dire n'être pas entièrement soumis à un *mouvement de recul* lorsqu'il veut avancer.

Tout le système Petin est renfermé dans ces deux conditions. Comment arrive-t-il à les réaliser ? voilà la question.

Établissons quelques prémisses. Tout corps a un poids et se trouve, par conséquent, soumis à l'action de la pesanteur.

Tout corps se meut, parce qu'il rencontre une certaine résistance autour de lui ou dans le milieu qui l'environne, que ce milieu soit l'eau ou l'air. Un corps ne se meut pas dans le vide, manquant de soutien, de contre-poids, il s'affaisse sur lui-même. Un boulet de canon et une plume de colibri choient, dans le vide, en même temps, ce qui n'arrive pas en plein air.

Donc, tout mouvement s'accomplit en vertu de deux forces : l'action de la pesanteur et la résistance du milieu environnant.

Donc, la fonction du milieu environnant, de l'air ou de l'eau, est de présenter aux corps des points de contact, des points de résistance, des points de pression, des points d'appui, des supports.

Un être vivant, placé dans le vide, meurt non-seulement parce que l'air respirable lui fait défaut, mais parce qu'il ne trouve plus de pression, plus d'appui autour de lui; il s'expanse, il se dilate démesurément.

Cependant, l'air offrant aux corps un support proportionnellement très-faible, il est évident qu'il devient difficile de s'appuyer sur sa résistance.

Mais la difficulté n'est pas l'impossibilité.

Malheureusement les gens du monde, les personnes peu familiarisées avec la science et son langage, déclarent très-souvent impossible ce qui n'est que difficile.

C'est là un tort grave dont il serait bon de se corriger.

Trouver un appui sur l'air, telle était donc la première condition à remplir; car, sans cet appui, toute marche est impossible, non-seulement dans l'air, mais sur l'eau et sur la terre. Ce n'est pas tout : pour avancer, il ne suffit pas d'avoir un appui, il faut pouvoir déterminer des mouvements autour de lui, y rompre l'équilibre de l'immobilité en créant à volonté des mouvements d'inclinaison pouvant se résoudre ensuite en progression.

Or, tout corps placé sur une pente glisse et acquiert un mouvement de progression.

Le plan incliné, la pente ou l'inclinaison, telle est la force initiale, première, de progression, que M. Petin applique à son navire aérien pour le faire avancer horizontalement. Le système de direction aéronautique Petin se formule ainsi,

Marche inclinée : Création à volonté de plans inclinés dans l'air.

Donc, pour M. Petin, la locomotion aérienne complète, intégrale, c'est-à-dire celle qui permettra de se mouvoir dans toutes les directions, consiste dans une force capable de communiquer à volonté, à l'appareil aérien, une marche non point suivant une ligne perpendiculaire, mais suivant l'*inclinaison* d'une ligne brisée plus ou moins horizontale formant des plans inclinés successifs.

Une nacelle sur une mer houleuse, qui s'avance en glissant sur les plans inclinés que forment les côtés des vagues, peut donner une idée du système locomoteur aérien Petin.

Venons à l'application. Expliquons-nous d'une manière pratique :

Supposons en l'air, à l'état d'immobilité, un immense appareil en charpente légère, un navire aérien suspendu par des cordes à plusieurs ballons. Regardons de bas en haut :

La charpente, à claire-voie, d'une forme ovale, allongée, présente à première vue, dans la partie supérieure et au centre, un assemblage de huit châssis horizontaux *mobiles*, pouvant former, selon le sens dans lequel on les fait mouvoir, un toit culminant ou un toit renversé.

A égale distance de ce toit central, on trouve huit autres châssis horizontaux *mobiles*, quatre de chaque côté, présentant, lorsqu'ils sont plus ou moins inclinés, des ouvertures plus ou moins considérables.

Vers les extrémités de l'appareil ou près de la proue et de la poupe du navire aérien, on voit deux roues à hélice de chaque côté ; enfin, soutenues par deux mâts placés horizontalement à l'avant et à l'arrière du navire, se trouvent deux voiles latines ou triangulaires ; des voiles sont également placées sur les côtés des ballons.

L'ensemble de l'appareil ou du navire Petin forme donc un tout symétrique divisé en sept parties principales :

Un centre formé de huit châssis *mobiles* devant servir de surface d'appui, soit pour trouver une résistance sur les couches supérieures, soit sur les couches inférieures de l'air ;

Deux parties latérales composées chacune de quatre châssis *mobiles* devant réciproquement servir de contrepoids ou de force pour rompre l'équilibre autour du centre de la surface d'appui en déplaçant le navire selon un plan incliné plus ou moins horizontal ;

Quatre roues à hélice, forces motrices auxiliaires pour imprimer au navire une puissance de traction et de mouvement soit pour avancer horizontalement, soit pour monter et descendre ;

Des voiles pour utiliser la force des vents ou pour louvoyer.

Voilà les forces dont se sert M. Petin dans sa première expérience. Voyons comment elles fonctionnent en imprimant au navire les différents mouvements qui forment l'ensemble de la navigation aérienne, c'est-à-dire des mouvements en sens horizontal, perpendiculaire et latéral. (*Voir la planche.*)

MARCHE HORIZONTALE.

Regardons l'appareil s'élevant dans les airs par la force du gaz hydrogène. Voici comment, d'après M. Petin, il rompra l'équilibre dans le sens horizontal en suivant une pente plus ou moins inclinée.

La rupture d'équilibre s'opérera autour de la partie centrale ou du centre d'appui en ouvrant, par exemple, les quatre châssis mobiles de l'avant et en laissant FERMÉS les quatre châssis mobiles de l'arrière. L'appareil prendra alors une direction oblique; il montera, en glissant sur l'air, suivant la ligne d'un plan incliné, l'avant le premier.

L'impulsion *oblique* de bas en haut, obtenue par cette première rupture d'équilibre, sera suivie d'une seconde de haut en bas, en ouvrant et en fermant d'une manière inverse les châssis latéraux, et ainsi de suite.

Donc, au moyen de l'ouverture ou de la fermeture des châssis mobiles *latéraux*, alternativement ouverts ou fermés, M. Petin pense faire avancer horizontalement l'appareil, c'est-à-dire créer *à volonté* des plans inclinés dans l'air, base de son système locomoteur.

MARCHE PERPENDICULAIRE.

Les mouvements de bas en haut et de haut en bas, suivant une ligne droite, sont de la plus grande importance. Obtenus *mécaniquement*, ils permettent de monter et de descendre sans perdre ni lest ni gaz, c'est-à-dire sans user la CAUSE même du mouvement aérien, qui, en définitive jusqu'ici, se trouve tout entière dans l'extrême *légèreté* du gaz hydrogène, comparée à la *pesanteur* de l'air.

Le navire Petin montera et descendra de la manière suivante :

Les quatre hélices horizontales, mises en mouvement avec une grande vitesse (350 tours par minute), se vissent dans l'air et le refoulent sur les huit châssis de l'avant et de l'arrière, maintenus obliquement. Les châssis, offrant une résistance, décomposent la force de l'air lancé horizontalement contre eux par les hélices, en une force de pression perpendiculaire de haut en bas ou de bas en haut, selon que les châssis reçoivent ce courant d'air concentré dans un sens ou dans un autre. Ces pressions font descendre ou monter l'appareil, ou lui impriment une marche perpendiculaire.

MARCHE LATÉRALE.

S'agit-il de virer de bord ? On suspend la rotation de deux hélices, laissant fonctionner les deux autres ; l'appareil décrit une courbe et tourne. Faut-il agir *contre* le vent, ou, pour mieux dire, UTILISER LES FORCES DES VENTS CONTRAIRES ? les voiles de l'avant et de l'arrière, les voiles latérales, viennent prêter leur concours. On louvoie comme sur mer autour du centre d'appui aérien.

Voilà, en résumé et sans nous perdre dans des détails toujours contraires à la clarté, les forces sur lesquelles s'appuie M. Petin dans sa première expérience : *châssis mobiles, hélices, voiles.*

Disons cependant un mot de la partie analogique du système Petin, théorie remplie de charme et de poésie, comme toute idée approfondie des lois naturelles de la création.

Voyez le papillon, dit M. Petin. Les quatre ailes étendues, il se trouve dans un plan horizontal. Veut-il avancer, il ferme à demi ses ailes supérieures, il les dispose en forme de coin ou de toit renversé. Son corps n'est plus soutenu alors que sur les ailes postérieures, il glisse sur le plan incliné. Il tomberait alors comme le nageur maladroit, la tête la première, s'il persistait dans cette position, mais il étend ses ailes antérieures, il les appuie sur l'air qui le relève, il a fait un mouvement en avant. Il referme de nouveau ses ailes antérieures, recommence à glisser pour se relever de nouveau. Le vol du papillon n'est pas autre chose qu'une suite de glissades par des plans inclinés de haut en bas, puis de bas en haut.

Eh bien ! comme nous venons de le dire, la machine aérienne Petin, au moyen des châssis mobiles ou des ailes s'ouvrant et se fermant à volonté, amènera des ruptures d'équilibre qui détermineront le mouvement de marche, comme le fait le papillon, comme le fait le cerf-volant en s'élevant vers les régions supérieures.

Dans le système Petin tout est analogie : en passant des objets les plus simples aux plus composés, M. Petin vous fait aimer son invention parce qu'il a le talent de captiver l'attention en émaillant sa parole de la connaissance parfaite des phénomènes qu'il a observés, parce qu'il possède à un haut degré cette chaleur de l'âme qui pénètre et vivifie, cette étincelle de l'esprit qui embrase et qui éclaire.

À la veille de l'expérience de M. Petin, nous nous abstiendrons de tout commentaire. Le fait est là : c'est à lui de répondre.

Il est plus important, croyons-nous, de prémunir le lecteur et le spectateur contre les mouvements d'irréflexion qui se manifestent en pareil cas, si l'expérience ne réussit qu'imparfaitement, ou si elle vient à manquer totalement. La première expérience de M. Petin échouerait-elle, que cela ne prouverait rien, absolument rien contre son système.

D'abord, parce que, dans les premiers essais d'une découverte quelconque, tout est contraire : l'incrédulité du public, l'impatience des spectateurs, la fougue de l'inventeur ; la presque impossibilité pour lui d'avoir l'œil à tout ; le plus mince détail oublié pouvant tout paralyser.

Ensuite, parce que des expériences aussi coûteuses, faites sans l'appui du trésor du Peuple, clochent toujours par quelques points. Là où il faudrait 500,000 fr. on n'en dépensera que 100,000, on fait pour le mieux, selon ses moyens, mais cela est loin de suffire et de répondre aux exigences réelles de l'invention.

Les expériences aéronautiques sont, de toutes, les plus difficiles : tant que l'on est à terre, on a à lutter contre le vent (si la journée n'est pas très-calme) qui tourmente et ballotte les aérostats pendant que l'on les gonfle, oscillations, mouvements, qui s'opposent constamment à l'une des conditions essentielles de réussite, la parfaite suspension de l'appareil au-dessous des ballons.

Lorsque l'on s'élève dans les airs, la mobilité merveilleuse des couches atmosphériques, 814 fois plus mobiles que celles de l'eau, rend les expériences très-difficiles, lorsqu'il s'agit d'expérimenter tout autre mouvement que celui de haut en bas ou de bas en haut.

Il s'agit, en effet, de calculer les forces à imprimer, de manière à ne jamais détruire la force de suspension, sans laquelle ballons et appareils se précipiteraient bientôt à terre.

A toutes ces difficultés morales et matérielles viennent s'ajouter celles des hommes d'équipage qui montent l'appareil, car ils doivent toujours conserver la plus grande tranquillité d'esprit, ce qui n'est pas donné à tout le monde, même aux hommes les plus courageux et du plus grand sang-froid. C'est toute une éducation à faire que celle de s'aguerrir en naviguant dans les airs.

Ces difficultés sont loin pourtant d'être insurmontables. L'homme est appelé à les surmonter.

Il faut donc que le public, les spectateurs, que tout le monde se pénètre bien de ces difficultés. Il faut en tenir compte, grand compte. Les essais infructueux ne frapperont plus les esprits d'une manière fâcheuse, on augmentera d'ardeur vis-à-vis les obstacles, et chacun sera disposé à s'imposer un léger sacrifice d'argent pour assister à des expériences même souvent répétées.

Il n'y en a pas de plus grandioses, de plus intéressantes au point où sont arrivés aujourd'hui les autres moyens de locomotion rapide par terre et par eau.

Il faut que l'humanité concentre ses efforts sur la découverte de l'aéronautique : le domaine des airs est le seul qui lui reste à conquérir : EN AVANT!

A soixante-huit années de distance, Paris aura vu l'ascension du physicien Charles et l'expérience Petin, la première qui ait été tentée sur de grandes dimensions, *dans le but de sortir l'aérostation de la routine où elle s'est fourvoyée et de l'élever au rang d'aéronautique.*

Pénétrons-nous surtout de cette vérité VRAIE : Pour *matérialiser, par des appareils,* l'ensemble des idées rationnelles, des inductions scientifiques de M. Petin sur l'aéronautique, un million suffirait à peine. M. Petin s'est donc trouvé forcé de n'offrir au monde que l'embryon de son vaste système. Au lieu de s'appuyer sur une création complète et vigoureuse, il se présente avec une ébauche imparfaite et débile.

Ce n'est donc pas le système Petin dans sa grandeur que nous irons voir fonctionner, c'est un tout petit essai dépourvu des puissants éléments qui auraient dû en assurer le succès complet.

Nous devons donc doublement applaudir aux nobles et courageux efforts de M. Petin. Nous lui devons tous une chaleureuse sympathie, une reconnaissance profonde et des encouragements successifs.

. . . .

L'aéronautique est donc entrée dans une nouvelle phase de progrès. L'attention publique est en éveil, des hommes de cœur, d'intelligence et de bon vouloir comprennent l'importance de ce nouveau mode de transport. Les idées s'agrandissent, on reconnaît l'impuissance des aérostats aux petites dimensions : les nacelles sont remplacées par des navires aériens. On se familiarise avec les excursions et les voyages atmosphérique ; l'attrait est puissant : — bientôt l'art de la navigation aérienne sera sortie de la position infime à laquelle il a été relégué depuis les grands jours du gouvernement populaire de la France.

FIN.

PARIS. — IMPRIMERIE SCHNEIDER, RUE D'ERFURTH, 1.

www.ingramcontent.com/pod-product-compliance
Lightning Source LLC
Chambersburg PA
CBHW070802210326
41520CB00016B/4792